Michelle Pfeiffer

Gwen Berwick and Sydney Thorne

Adapted from the original by Julia Holt

Hodder & Stoughton

A MEMBER OF THE HODDER HEADLINE GROUP

Acknowledgements
Photos: p. 3 © Rex Features;
pp. 4, 7, 8, 15, 16, 19, 20, 27 © BFI Films: Stills, Posters and Designs;
p. 23 © BFI Films: Stills, Posters and Designs/Annie Leibowitz © Paramount Pictures
pp. 11, 12 © The Ronald Grant Archive
p. 24 © All Action/Lucy
Cover: © Camera Press/Chris Ashworth

Orders: please contact Bookpoint Ltd, 78 Milton Park, Abingdon, Oxon OX14 4TD. Telephone: (44) 01235 827720, Fax: (44) 01235 400454. Lines are open from 9.00–6.00, Monday to Saturday, with a 24 hour message answering service. Email address: orders@bookpoint.co.uk

British Library Cataloguing in Publication Data
A catalogue record for this title is available from The British Library

ISBN 0 340 77496 7

First published 2000
Impression number   10 9 8 7 6 5 4 3 2 1
Year   2005 2004 2003 2002 2001 2000

Copyright © 2000 Gwen Berwick and Sydney Thorne

All rights reserved. No part of this publication may be reproduced or transmitted in any form or by any means, electronic or mechanical, including photocopy, recording, or any information storage and retrieval system, without permission in writing from the publisher or under licence from the Copyright Licensing Agency Limited. Further details of such licences (for reprographic reproduction) may be obtained from the Copyright Licensing Agency Limited, of 90 Tottenham Court Road, London W1P 9HE.

Typeset by Fakenham Photosetting Ltd, Fakenham, Norfolk.
Printed in Great Britain for Hodder & Stoughton Educational, a division of Hodder Headline Plc, 338 Euston Road, London NW1 3BH by Hobbs the Printers, Totton, Hampshire.

Table des matières

	Page
1. Michelle	*1*
2. Origines	*2*
3. Hollywood	*6*
4. Michelle et les stars	*17*
5. Une star	*21*
6. Famille	*25*

What do you know about Michelle Pfeiffer?

- What did she do before becoming an actress?
- Has she ever been married?
- Can you name three of her films?

read on . . .

1. Michelle

Elle commence dans un supermarché.
Elle est caissière.
Elle finit star à Hollywood.

Une belle histoire, n'est-ce pas?
Mais non,
ce n'est pas un film!
C'est une histoire vraie.
C'est l'histoire de Michelle Pfeiffer.

Oui, elle est belle.
Mais elle est intelligente aussi,
et c'est une bonne actrice.

caissière – checkout girl   *belle – beautiful*   *histoire – story*

2. Origines

Michelle habite en Californie.
Elle ne va pas régulièrement à l'école –
elle préfère aller à la plage.

"Michelle est une enfant difficile,"
disent ses professeurs.

A 14 ans, elle veut acheter une voiture.
Elle fait de petits jobs.
Elle s'achète une voiture de sport,
une Mustang rouge . . .
Mais elle a bientôt un accident.

Après l'école,
Michelle devient caissière
dans un supermarché.
Un jour, elle se demande:
"Qu'est-ce que je fais ici?"

Michelle décide: elle veut changer.
Elle veut devenir actrice.

la plage – beach *elle veut – she wants* *bientôt – soon*

La jeune Michelle Pfeiffer

Dans le film "Hollywood Knights"

A l'âge de 20 ans,
elle devient "Miss Orange County".
Un des juges travaille aussi
comme agent dans le cinéma.
L'agent aide Michelle.

Michelle décide:
il est important d'aller à Hollywood.

Son père n'est pas content.
Il préfère qu'elle retourne à l'école.

Michelle arrive à Hollywood.
Elle est réaliste –
elle continue à travailler
dans un supermarché.

Pour avoir de l'argent,
Michelle est caissière
dans un supermarché à Hollywood.

un des juges – one of the judges *aide – helps* *l'argent – money*

3. Hollywood

A Hollywood,
Michelle a de petits rôles
à la télé et dans des films.

Mais c'est difficile.
Les rôles ne sont pas intéressants.
Elle joue le rôle de belles femmes –
mais de belles femmes *stupides*.

"Mais moi, je ne suis pas belle,"
dit Michelle.
"Je ressemble à un canard."

Son agent cherche des rôles
plus intéressants
pour Michelle.

belle(s) – beautiful   *femmes – women*   *un canard – duck*

Dans le film "Charlie Chan and the Curse of the Dragon"

Michelle dans *Grease 2*

Michelle a des problèmes.
Elle boit trop d'alcool.
Elle fume beaucoup de cigarettes.

Elle entre dans une secte.
Il y a beaucoup de sectes
en Californie.
Elle passe deux ans dans cette secte.

En 1979,
un ami, Peter Horton,
aide Michelle à quitter la secte.

En 1982,
Michelle et Peter se marient.

trop – too much; too many *aide – helps* *quitter – to leave*

Michelle a un rôle
dans le film *Grease 2*.
Mais ce n'est pas un bon film.

Elle a un petit rôle
dans *Scarface*.
C'est un film violent.
Michelle joue la femme d'un gangster
joué par Al Pacino.

Le film est un succès.
Michelle aussi.
Elle a du talent.

Un critique écrit:
"Il y a beaucoup d'acteurs
et d'actrices dans le film.
Ils ne sont pas mauvais.
Mais Michelle Pfeiffer
est une très bonne actrice."

la femme – the wife   *mauvais – bad*

Michelle joue la femme d'un gangster dans *Scarface*

Michelle a un grand rôle dans *Ladyhawke*

En 1984,
Michelle a son premier rôle important.
C'est un grand rôle
dans le film *Ladyhawke*.

On tourne le film en Italie.
C'est la première fois
que Michelle va à l'étranger.

Michelle est en Italie;
Peter est en Amérique:
la séparation dure cinq mois.

Cette séparation cause des problèmes
dans leur couple.

Ladyhawke n'est pas un grand succès,
mais les critiques aiment Michelle.

tourner un film – to make a film   *à l'étranger – abroad*   *mois – months*

Michelle retourne aux Etats-Unis.

Elle joue dans une comédie,
Into the Night.
C'est un film violent,
mais très amusant.

C'est son premier rôle comique.

Michelle est bien dans le film.
Elle gagne confiance en elle.

Et elle a du talent
pour la comédie.

---

gagne – gains   *confiance en elle – self-confidence*

Dans la comédie *Into the Night*

Avec Cher, Susan Sarandon et Jack Nicholson, dans *The Witches of Eastwick*

4. Michelle et les stars

Michelle tourne un film comique
avec Peter.
Mais le mariage est en difficulté.

En 1986, Michelle fait
son premier film important:
The Witches of Eastwick.

Dans le film, Michelle travaille
avec de grandes stars, comme
Jack Nicholson, Cher et Susan Sarandon.
Elle observe ces acteurs:
c'est une bonne leçon.

En 1987,
Michelle et Peter se séparent.

Michelle et son amie Kate
retournent à l'université
pour passer des examens.
Cette fois, elles travaillent beaucoup.

---

tourne – makes (a film) *passer des examens – sit exams*
cette fois – this time

Michelle tourne *Tequila Sunrise*
avec Mel Gibson.

Elle aime travailler avec Mel,
mais elle n'aime pas le film.
Elle refuse de voir le film
au cinéma!

En 1988, elle va en France,
où elle fait le film *Dangerous Liaisons*.
En réalité,
elle a une "liaison dangereuse"
avec l'acteur John Malkovich.

Mais John est marié.
Il ne peut pas choisir
entre Michelle et sa femme.
Et Michelle et John se séparent.

---

liaison – love affair   choisir entre – choose between   femme – wife

Michelle et John Malkovich dans *Dangerous Liaisons*

Avec Sean Connery dans *The Russia House*

5. Une star

Michelle joue dans le film
The Russia House.
C'est un film d'espionnage.

Michelle a 32 ans.
Son amant dans le film
est l'acteur Sean Connery.
Il a 60 ans.

Michelle demande: "Et moi?
A l'âge de 60 ans,
pourrais-je tourner un film,
où mon amant aurait 32 ans?"

Elle est nominée pour un oscar
pour *The Fabulous Baker Boys.*

Maintenant,
Michelle est très populaire.
Elle peut refuser des rôles.

Elle refuse *The Silence of the Lambs*
et *Basic Instinct.*
De bonnes décisions?

amant – lover   *pourrais-je – could I*

Michelle travaille avec Al Pacino
dans le film *Frankie and Johnny*.

Dans le film,
Michelle et Al Pacino sont amants.

Il y a une scène difficile pour Michelle.
Dans la scène 105,
elle est complètement nue.
Elle déteste ça.

Dans son prochain film,
Batman Returns,
elle a le rôle très sexy de Catwoman.

Le film a un énorme succès.
Après le film,
Michelle devient
une star internationale.

---

amants – lovers   *nue – naked*

Michelle et Al Pacino dans *Frankie and Johnny*

Michelle et David Kelley

6. Famille

A 35 ans, Michelle décide:
elle veut un enfant.
En 1993, elle adopte une fille,
Claudia Rose.

Michelle et Claudia Rose
habitent à Los Angeles.

Aussi en 1993,
Michelle a un rendez-vous
avec David Kelley, un homme
qu'elle n'a jamais rencontré.

C'est un grand succès –
et Michelle et David se marient
en automne 1993.

Michelle voudrait avoir un bébé . . .

un enfant – a child   *un rendez-vous – date*
jamais rencontré – never met

En 1993, Michelle tourne le film
The Age of Innocence.

Pour la première fois,
elle est fière de son travail.
Il n'y a pas de sexe dans le film.
Il n'y a pas de violence.
Mais c'est un succès.

Dans le film *Dangerous Minds,*
Michelle joue le rôle d'un professeur.
Elle porte des vêtements
très larges.
Pourquoi? Elle attend un bébé.

Le bébé arrive en août 1994.
C'est un garçon;
il s'appelle John Henry.

fois – time   *fière – proud*   *vêtements – clothes*

Dans le film *Dangerous Minds*

Michelle est heureuse.
Elle se limite à un film par an –
elle préfère être avec sa famille.

Elle est la star du film *One Fine Day*.
Elle est aussi la productrice du film.

Elle a une compagnie de film
avec son amie, Kate.
La compagnie s'appelle
Pfeiffer-Guinzberg Productions.

Actrice sérieuse.
Actrice comique.
Productrice.
Star internationale.

Pas mal
pour une employée de supermarché!

---

heureuse – happy   par an – per year   productrice – producer